AF336028

UN HOMMAGE

À LA

MÉMOIRE DE M. VERT

RÉDACTEUR

du

JOURNAL DE RENNES

Par E. DE BORTHAYS.

PRIX : 20 CENT.

Vendu au profit de la Société de Saint-François-Xavier.

EN VENTE

A LA LIBRAIRIE GÉNÉRALE DE L'OUEST
ET CHEZ M. FOUGERAY, LIBRAIRE.

1865

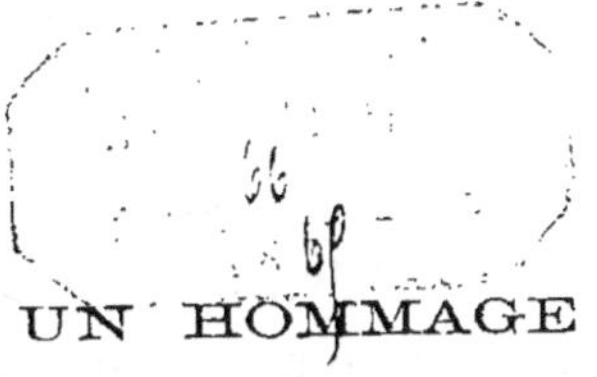

UN HOMMAGE

A LA MÉMOIRE DE M. VERT

RÉDACTEUR

du

JOURNAL DE RENNES

PAR E. DE PORTHAYS.

Et nous aussi, enfant d'une terre que tant de liens unissent à la Bretagne, malgré l'émotion qui nous domine, malgré l'heure qui nous presse, nous voulons, avant de retourner dans notre chère Vendée, en notre nom et au nom de nos compatriotes, rendre hommage à la mémoire de l'homme de bien, du fidèle et vaillant écrivain que vient de perdre le *Journal de Rennes* et la ville de Rennes tout entière. Déjà ses dignes collaborateurs, qui depuis tant d'années partagent ses travaux et ses mérites, ont dit mieux que nous ne saurions le faire et avec plus d'autorité les vertus de sa vie publique et privée ; nous voulons pour notre part nous attacher à faire ressortir la manière dont il envisageait les graves questions qui agitent notre époque, la hauteur de ses vues, la largeur de ses idées, la rectitude de son jugement, la sûreté de son coup-d'œil ; et cette rapide étude, qui ne nous paraît pas stérile pour la cause même qu'il défendait avec tant de talent, nous fera mieux comprendre encore à nous tous, hommes d'ordre et de conservation, la grandeur de la perte que nous venons de faire.

Légitimiste d'origine et de convictions, M. Vert était un des écrivains qui savaient le mieux faire comprendre et aimer un principe en qui la France a si longtemps puisé sa puissance et sa sécurité, et que l'ignorance et la mauvaise foi dénaturent si étrangement de nos jours. Il était difficile de lui appliquer ces épithètes ridicules de retardataire et rétrograde, à l'aide desquelles, faute de meilleures raisons, on essaie trop souvent de nous combattre. Personne, mieux que lui, ne savait être de son temps.

Bien loin de jeter l'anathème aux siècles passés, il en admirait les grandeurs, mais ne condamnait pas le nôtre à une imitation servile, et ne cherchait pas à l'entraîner vers des retours impossibles. S'il connaissait le bien d'antiques institutions qui avaient assurément leur raison d'être, cela ne l'empêchait pas de reconnaître aussi volontiers ce qu'il y a de bon dans notre époque, et il n'entendait pas qu'elle s'en dessaisît.

Nourri de l'étude approfondie de l'histoire, il savait que les Sociétés ne sont pas immobiles, mais qu'une de leurs lois est de marcher, et une autre de se modifier en marchant.

Les modifications subies par la nôtre, il les acceptait de grand cœur, y pliait son esprit sans difficulté, et ne leur résistait qu'autant qu'elles impliquaient sous cette appellation modeste la destruction des principes sur lesquels toutes les sociétés antiques ou modernes, républicaines ou monarchiques, ont basé jusqu'ici leur salut, et dont l'inconcevable aberration des novateurs voudrait nous détacher aujourd'hui. En un mot, il n'était ni un rétrograde ni un révolutionnaire; c'était un esprit juste, qui ne s'abandonnait ni aux stériles regrets ni aux chimériques espérances, et qui, fermement convaincu de la bonté d'institutions à l'ombre desquelles tant de siècles ont prospéré, voulait bien modifier l'édifice, mais en conservant la base.

A l'exemple de l'Auguste exilé près de qui il est allé plus d'une fois s'inspirer, et chez qui il était si heureux de trouver au plus haut degré les larges et libérales idées que nous énonçons succinctement, il aimait et voulait la liberté, non pas la liberté illimitée de l'individu que des téméraires nous donnent comme le dernier mot de la civilisation, tandis qu'elle est le premier pas vers la barbarie, et qui ne serait qu'un perpétuel attentat à celle des autres, mais la liberté sage, réservée, contenue dans des limites assez étendues pour laisser leur entier développement aux bons et utiles instincts, et n'arrêter que l'expansion des mauvais.

La liberté tempérée par l'autorité et la tempérant à son tour, tel était son idéal politique. Le juste et rigoureux accord de ces deux principes, qui ne laisse place ni à l'asservissement, ni à l'anarchie, lui semblait l'unique moyen de donner aux hommes et aux sociétés la mesure de bonheur et de prospérité que nous pouvons raisonnablement espérer sur ce globe imparfait. C'est assez dire qu'il détestait la licence, et plus encore peut-être le despotisme, non pas seulement le despotisme brutal et avoué, mais surtout le despotisme hypocrite, qui se farde de liberté pour se faire accepter d'un peuple, dans la criminelle espérance de l'abuser assez longtemps pour l'habituer à la servitude.

Le progrès avait aussi toutes les sympathies du rédacteur du *Journal de Rennes*. Il se plaisait à rendre justice à la grandeur et à l'utilité de certaines découvertes, qui seront éternellement la gloire de ce siècle chercheur : la vapeur, l'électricité, le gaz, et mille autres encore. Il admirait la patience, le génie, la constance des inventeurs, l'intelligence et l'habileté des applicateurs, et toute découverte dont l'humanité pouvait tirer un utile profit était sûre de trouver en lui un zélé propagateur. Mais il ne croyait pas qu'il fût dans la destinée de l'homme de se nourrir seulement de pain, selon les paroles de l'Evangile. Il estimait le progrès matériel à sa juste valeur, y applaudissait, y aidait dans la mesure de ses forces, mais il plaçait bien au-dessus le progrès moral, sans lequel les plus admirables instruments de vie deviennent des instruments de mort.

Tandis que les savants, les chimistes, les mathématiciens travaillent à donner une plus grande somme de bien-être matériel aux hommes, il aurait voulu que les penseurs, les écrivains, les philosophes travaillassent de leur côté à leur donner une plus grande somme de bienêtre moral, en les rendant meilleurs et plus vertueux. Combien peu il en voyait entrer dans ces vues, inspirées par l'amour de l'humanité le plus ardent et le plus éclairé! La plupart, au contraire, sur la mémoire de qui la conscience publique, impunément blessée par eux aujourd'hui, prendra plus tard sa juste revanche, cherchent

à leur inspirer l'esprit de révolte et d'orgueil, avec lequel il n'est pas plus de sécurité pour la société que
pour l'individu; limitent toute leur existence aux courtes
minutes de la vie terrestre, toute leur responsabilité à
leur seule conscience; leur parlent toujours de leurs
droits, jamais de leurs devoirs; attisent dans leurs âmes
toutes les cupidités, toutes les envies, et partant toutes
les haines et toutes les rancunes; et les poussent en-
suite dégagés de tout frein, délivrés de toute notion de
sacrifice, d'abnégation, de résignation, altérés de jouis-
sances immédiates et matérielles, à la violente conquête
de ces biens qui ne seront jamais, comme ils n'ont jamais été, le partage de tous; triste loi qu'il faut bien
reconnaître sous peine de faire injure au bon sens, et
dont la religion seule peut faire accepter la dureté, en
ouvrant aux déshérités les consolantes perspectives d'un
monde meilleur. Le choc impétueux de ces âpres rivali-
tés, la lutte acharnée entre ces avidités impatientes,
est-ce là ce qu'il pouvait appeler le progrès? Hélas! son
regard y voyait avec douleur, dès le présent, le malaise,
l'inquiétude, la souffrance, et dans un avenir plus ou
moins rapproché, la plus épouvantable tempête à travers
laquelle ait passé l'humanité.

Au fond de toutes ces coupes, si diverses de forme et
de nom, c'est toujours le matérialisme que l'on sert aux
lèvres avides du siècle. Or, une société qui se matéria-
lise, est une société qui se décompose. Transformation!
s'écrient certains qui se complaisent dans leur œuvre
impie. Oui, transformation de la vie dans la mort. Entre
le matérialisme et la société il n'est pas en effet de
coexistence possible, car celle-ci est le triomphe de

l'esprit sur la matière, et celui-là la revanche de la matière sur l'esprit. Aussi M. Vert ne se lassa-t-il jamais de lutter contre ce terrible courant. Ce n'était pas seulement sa foi, toujours profonde et vive, mais encore son jugement, que révoltait la diffusion effrénée des doctrines qui contiennent la négation de toute autorité divine et humaine. Sa raison se refusait à admettre que ce fût un bienfait pour l'humanité de laisser l'homme seul, sans consolation dans sa douleur vis-à-vis de lui-même, et sans force contre ses passions vis-à-vis des autres. Citoyen d'une société trop généralement indifférente à la gravité du danger qu'elle court, il ne crut pas que l'indifférence des autres dégageât sa responsabilité devant Dieu et sa conscience. Il crut de son devoir de combattre ces funestes doctrines, et se dévoua tout entier à cette généreuse et laborieuse tâche. Avec la sérénité du chrétien, qui ne croit pas à la lassitude de la miséricorde divine; avec la calme confiance de l'homme qui espère des temps meilleurs, avec une rare énergie et une ferme persévérance, il la continua au milieu des fatigues, des soucis et des amertumes dont est semée la vie du journaliste, et sans qu'elles altérassent son courage, jusqu'au jour où le repos suprême lui fut soudainement accordé, comme à un excellent ouvrier que le maître satisfait rappelle à lui dès le milieu du jour.

Après avoir parlé de l'écrivain, et avant de terminer cette rapide esquisse, ne dirons-nous pas quelques mots de l'homme; car, chose douce à dire, chez celui que nous regrettons si vivement, la dignité du caractère était à la hauteur du talent. Le plus bel éloge que nous puissions faire de M. Vert, c'est assurément de dire que sa vie seule était un argument en faveur de cette religion qui l'avait rendu si parfait. La franchise de son âme, la douce et aimable gaieté de son esprit, la bienveillance empreinte dans ses regards le faisaient aimer dès le premier abord, et ce sentiment ne faisait que grandir, à mesure qu'on le connaissait davantage et qu'on pénétrait plus avant dans son intimité.

Cette bienveillance et cette urbanité distinguaient également sa polémique. Ferme et accentuée, elle était cependant pleine de modération et de mesure. Inflexible avec les principes, il était extrêmement conciliant avec les personnes.

Tout le monde sait aussi combien il aimait à faire le bien, quelque modestie qu'il mit à le faire. Il n'est pas une œuvre de charité ou de moralisation à laquelle il ne s'associât avec empressement, et nous avons tous pu mesurer ce matin, aux larmes des ouvriers et des pauvres qui se pressaient dans l'Eglise trop étroite, l'affection qu'il avait su inspirer aux uns et aux autres.

Tel était l'homme que nous venons de conduire à sa dernière demeure. C'est sans doute pour nous, qui partageons ses opinions, un honneur particulier de l'avoir compté dans nos rangs, nos regrets sont les plus vifs, nos larmes les plus amères : mais, quand un homme aussi remarquable par la sincérité de ses convictions et la sûreté de son talent, quand un écrivain aussi indépendant et aussi loyal vient à mourir, quand un cœur aussi dévoué et aussi ardent au bien vient à s'arrêter, tous nous faisons une perte. Cette antique et noble capitale de la Bretagne où, plus que partout ailleurs, s'est religieusement conservé le culte du bien, du généreux et du beau, l'a bien compris, et cette mort y a pris, nous pouvons le dire sans aucune exagération, les proportions d'un deuil public. Autour du cercueil de l'ami qui nous était enlevé, nous avons vu se ranger ce matin, avec un triste empressement, plus d'un homme, séparé de nous cependant par la différence des opinions, et c'est à la fois un bonheur et un devoir pour nous de les en remercier. C'est une éclatante et consolante preuve que la fermeté des convictions, l'intégrité du caractère et la dignité de la vie savent encore conquérir le respect général et l'estime publique. A l'heure où nous écrivons ces lignes, l'éloge de M. Vert est dans toutes les bouches, sûr garant que son souvenir restera dans tous les cœurs.

Vte DE RORTHAYS.

Rennes, le 29 juin 1865

Rennes. — Imp. Catel.

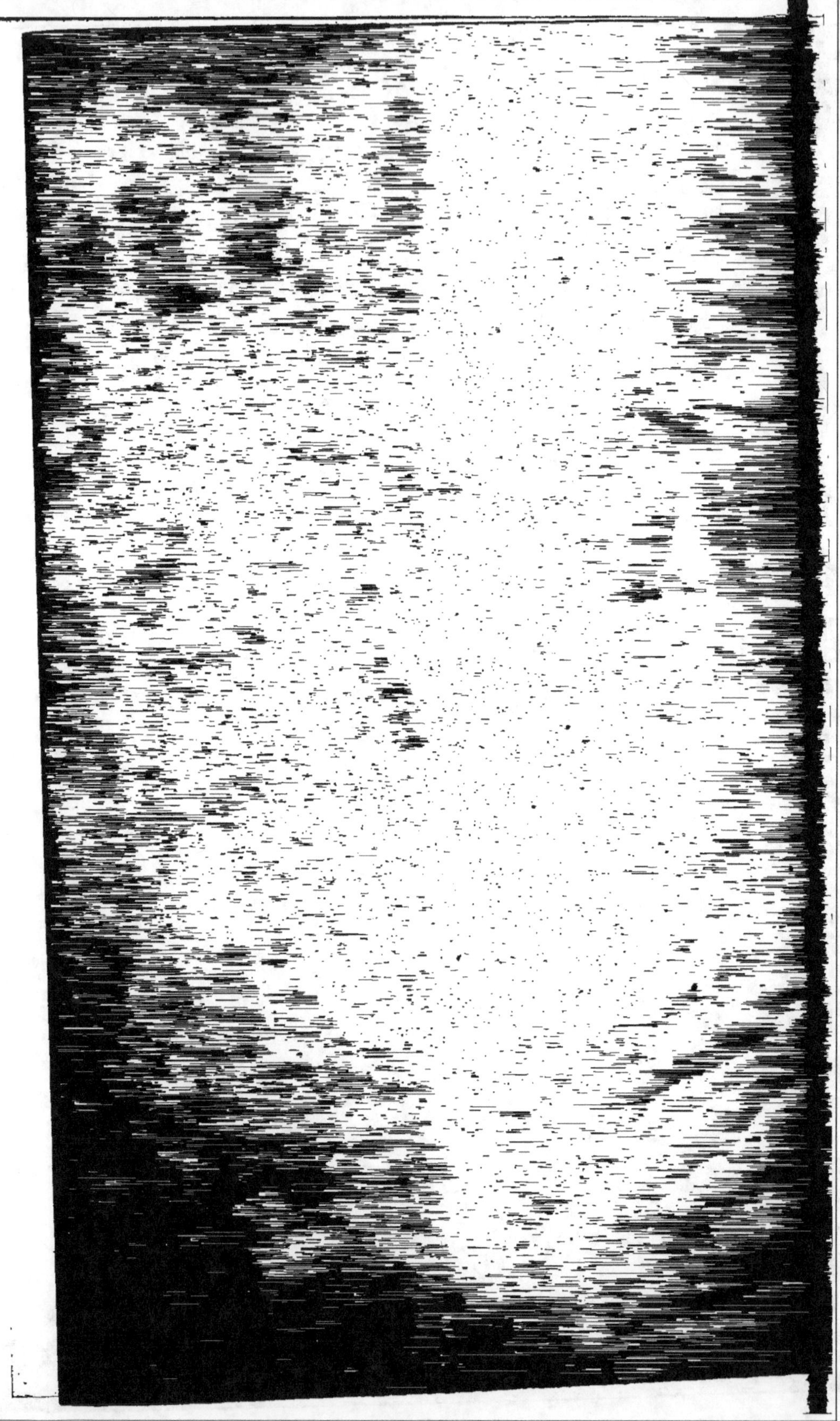